ÉLOGE FUNÈBRE

DE M. L'ABBÉ

ÉLIE CESBRON

Curé de Saint-Pierre de Saumur
Chanoine honoraire de la Cathédrale d'Angers, Supérieur des Dames
de la Charité du Sacré-Cœur de la Salle-de-Vihiers

PRONONCÉ

DANS LA CHAPELLE DE LA COMMUNAUTÉ

LE JEUDI 18 MAI 1876

PAR

M. L'ABBÉ L. PICHERIT
Chanoine de la Cathédrale

SAUMUR
IMPRIMERIE DE PAUL GODET

1876

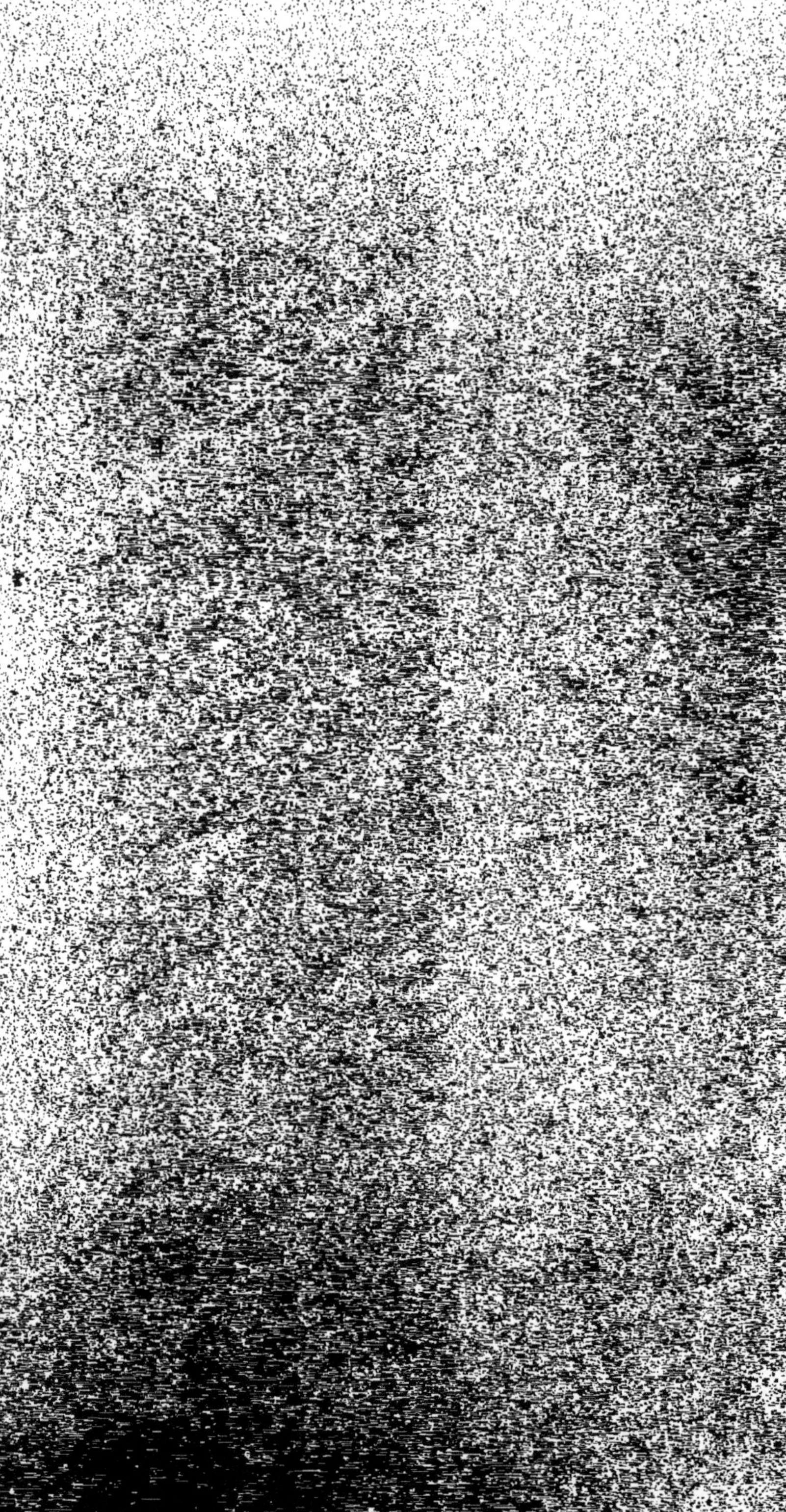

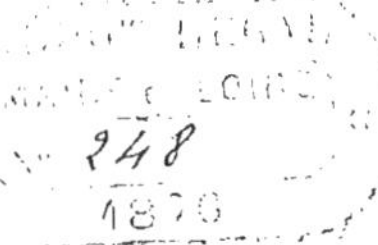

ÉLOGE FUNÈBRE

DE M. L'ABBÉ

ELIE CESBRON

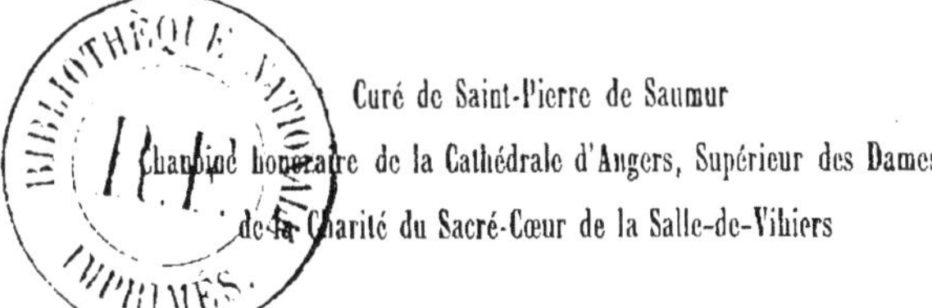

Curé de Saint-Pierre de Saumur
Chanoine honoraire de la Cathédrale d'Angers, Supérieur des Dames
de la Charité du Sacré-Cœur de la Salle-de-Vihiers

PRONONCÉ

DANS LA CHAPELLE DE LA COMMUNAUTÉ

LE JEUDI 18 MAI 1876

PAR

M. L'ABBÉ L. PICHERIT
Chanoine de la Cathédrale

SAUMUR
IMPRIMERIE DE PAUL GODET

1876

Fidelis servus et prudens quem constituit Dominus super familiam suam.

C'est le serviteur fidèle et prudent que le Seigneur a établi sur sa famille.

MONSEIGNEUR, *

VÉNÉRÉS CONFRÈRES,

TRÈS-CHÈRES SŒURS,

Je n'ai pas feuilleté longtemps nos saints livres pour y trouver le texte autour duquel devaient se grouper mes pensées et se développer mon sujet. Au moment même où une amitié trop confiante m'adressait une invitation qui me cause encore plus de trouble qu'elle ne m'apporte d'honneur, les paroles que je viens de citer, se détachant pour ainsi dire de la page sacrée où elles sont écrites, s'imposèrent comme d'elles-mêmes à mon attention et à mon choix. Ces deux mots *fidelis et prudens* me parurent tracer en deux coups de crayon les linéaments caractéristiques de la figure que j'avais à peindre, et délimiter parfaitement la

* Mgr Chesneau, vicaire général.

matière de ce discours ; et je n'ai pas cherché davantage. Car, mes chères Sœurs, vous ne demandez pas de moi, sans doute, que je vous apporte ici, et en ce moment, des généralités vagues qui, s'appliquant également à tous, ne désignent spécialement personne. Vous ne m'invitez pas à venir vous parler du prêtre, à l'occasion d'un prêtre ; mais, tout entières à l'objet de votre juste et profonde douleur, vous voulez que je vous entretienne uniquement de ce prêtre qui a été le vôtre, celui que vous nommiez d'un accent si affectueux votre Vénéré Père, celui enfin qui naguères encore s'appelait ici-bas l'abbé Elie Cesbron, Curé de Saint-Pierre de Saumur, et Supérieur de votre Congrégation. Voilà, j'en suis sûr, ce que vous désirez de moi au moment où je me lève pour rendre hommage à cette chère mémoire, et je comblerais vos vœux, en même temps que je consolerais vos cœurs, si j'étais assez heureux pour faire réapparaître un instant devant vos yeux son grave et imposant visage avec les traits particuliers qui le caractérisent. Et voilà pourquoi j'ai pris pour texte le passage de l'Écriture que vous venez d'entendre aussitôt qu'il s'est présenté à mon esprit, parce que j'y ai vu énoncées, en des termes que je n'aurais pu trouver ailleurs ni aussi concis ni aussi explicites, les deux qualités maîtresses qui ont constitué le mérite, distingué la personne, et fait la destinée de l'abbé Cesbron pendant son trop court passage sur la terre : *Fidelis servus et prudens quem constituit Dominus super familiam suam.*

Placé à ce point de vue nettement circonscrit, m'arrêterais-je à vous parler de sa foi vive et profonde! Mais si pour un Vendéen la foi est une grâce, une félicité, une gloire, peut-on vraiment dire qu'elle soit un mérite! et ferais-je un sujet d'éloge, spécial à l'un de nous, de ce qui est notre commun patrimoine! Chez nous, enfants du pays des Mauges, la foi, cette vertu surnaturelle par excellence, semble être un don de nature. Née en nous, avec nous, ce n'est pas pour nous la simple adhésion de notre âme aux dogmes divins que la religion nous enseigne. C'est notre âme même, et le fond de notre être. Nous ne sommes pas seulement un peuple de croyants, nous sommes la foi vivante. Et faut-il s'en étonner? Le lait que nous avons sucé n'est-il pas le sang même des confesseurs et des martyrs, transsubstantié par une élaboration merveilleuse dans le sein de nos mères, épouses ou filles des héros de la foi?

Ferais-je ressortir les talents naturels que le ciel lui avait départis et les succès qui, pendant tout le cours de ses études, en furent la preuve et la récompense! Rappellerais-je que son esprit fin et pénétrant, que son jugement sain et droit lui conquirent tout d'abord, et au premier rang parmi ses condisciples, une place que de rudes jouteurs ne purent jamais lui enlever! Mais en voulant ici louer un mort, n'aurais-je pas l'air de flatter un vivant, alors que je parle devant un prélat qui fut son rival habituellement heureux en même temps que son ami toujours fidèle.

Vous dirais-je, enfin, que jeune clerc, enrôlé dans la milice sainte, il se montra toujours pieux et fervent séminariste! Mais n'est-ce pas un degré de perfection relative auquel peut s'élever sans trop de peine une vertu même ordinaire, quand on a le bonheur de passer cette période du noviciat ecclésiastique sous la conduite des prêtres de Saint-Sulpice, à qui l'on ne saurait refuser sans injustice l'honneur d'avoir trouvé et d'avoir réalisé dans le clergé de France une des meilleures formes de la piété sacerdotale au milieu du monde.

Ces qualités, ces vertus et toutes les autres que je passe sous silence, c'est ce qu'il a eu de commun avec un certain nombre de ses frères dans le sacerdoce et, comme je vous en ai averti, mon dessein est de ne m'arrêter qu'à ce qui lui est propre, à ce qui le distingue de la foule et faisait dire quand on l'entendait parler ou qu'on le voyait agir: c'est LUI ! Or ces traits qui caractérisent sa physionomie personnelle, ce sont précisément ceux que signale le verset des Saints Livres auquel j'ai emprunté mon texte : *fidelis et prudens*, la Fidélité et la Prudence. Non pas qu'il possédât ces qualités à l'exclusion de tous autres, mais il les avait à un certain degré, d'une certaine manière qui le faisait reconnaître parmi tous les autres, et c'est l'union en lui de ces deux qualités ou dans une plus large mesure ou dans un plus heureux mélange, qui, en lui attirant l'estime de ses confrères et de ses supérieurs hiérarchiques, l'a conduit par une ascension graduée et continue jusqu'aux fonctions les plus élevées, les plus délicates et les plus difficiles qu'un simple prêtre puisse remplir. *Fidelis servus et prudens quem constituit Dominus super familiam suam.*

I.

La Fidélité ! Certes, mes chères Sœurs, ce n'est pas une petite vertu, comme peuvent le croire ceux qui jugent de la valeur des choses d'après l'éclat qu'elles jettent ou le bruit qu'elles font. Avec ses allures simples et unies, cette vertu modeste et comme silencieuse suffit, quand elle se soutient, pour porter une âme jusqu'aux plus hauts sommets de la perfection. Chez plusieurs saints, et des plus illustres, elle a été par elle-même et pour sa valeur propre le principe premier, le vrai fondement de leur grandeur. Voyez saint Joseph ! A quoi doit-il la place d'honneur qu'il occupe, lui simple confesseur, au-dessus des apôtres eux-mêmes, à la tête du chœur entier des justes du Nouveau-Testament ? Il le doit à la fidélité. Assurément, aucun fleuron ne manque à la couronne qui ceint le front du glorieux patriarche. Et cependant, ni sa foi aussi ferme que celle d'Abraham, ni son humilité voisine de celle de Marie, ni sa chasteté sans tache comme celle de son épouse immaculée, aucune de ces vertus sublimes n'eût fait descendre du ciel sur sa tête l'auréole qui l'entoure d'une si éclatante splendeur. Tout ce qu'il est, tout ce qu'il a, il le doit à la fidélité. Le reste est écoulement, conséquence : la fidélité est la source et le principe. Et deux mots suffisent pour le faire comprendre. A quiconque, en effet, reçoit une mission spéciale, il faut une qualité spéciale qui y corresponde et la nature de la mission reçue détermine le genre propre de la qualité requise. La mission spéciale de saint Joseph était de garder en dépôt la personne auguste de Marie et la personne divine de l'enfant Jésus. Or, quelle est la qualité propre du dépositaire, celle qui prime toutes les autres, ne peut être suppléée par aucune autre, et suffirait seule, si de suprêmes convenances n'exigeaient pas, en de certaines circonstances déterminées, le cortége entier de toutes les autres? C'est la fidélité. Et par conséquent, la fidélité qui a été le titre fondamental de saint Joseph à sa mission, et par suite la source de toutes les grâces et de tous les dons qu'il a reçus pour la remplir, a été aussi le principe de toute sa sainteté et le fondement de toutes ses grandeurs. Par où l'on voit sans chercher davantage, quelle est la portée et l'excellence de cette vertu, si petite en apparence.

J'ajoute qu'elle est une des grandes difficultés de la vie. Il en est beaucoup, en effet, qui supporteraient plus aisément l'épreuve d'un court martyre que l'épreuve d'une longue fidélité; car c'est la continuité même qui en fait la difficulté, aussi bien qu'elle en constitue le mérite. Ah! qu'elles sont belles, mais qu'elles sont naturelles, les confiantes ardeurs de la jeunesse! Voyez le jeune débutant, au seuil de sa carrière. A considérer son air et son attitude, on serait tenté de lui appliquer les paroles de l'Écriture: *stetit et mensus est terram.* Il s'est dressé et a mesuré la terre. Quel regard vainqueur il promène sur l'espace immense! On dirait qu'il le va dévorer d'un élan. Il marche à la conquête du monde. Quels beaux combats il livre! quels grands coups il frappe! En quelques campagnes, il aura tout soumis à Jésus-Christ. Mais que vois-je ? Et d'où vient donc que vous qui couriez si bien, *currebas benè*, vous vous êtes tout-à-coup arrêté ? Ah ! c'est que les choses ont changé de face ! Au départ, la route était large et fleurie ; la marche facile, le voyage enchanteur. Mais au bout de quelques étapes, je ne sais par quelle mystérieuse transformation, des horizons inattendus se découvrent. La plaine se dessèche et se dénude ; le pays prend un aspect triste et morne ; plus de fleurs, plus d'eaux vives, plus d'ombrages : ce sont les sables arides du désert. Puis le soleil a monté dans le ciel et darde en son midi des rayons brûlants. Le voyageur déjà haletant commence à courber ses épaules mouillées de sueur sous le poids du jour et de la chaleur. Il pousse cependant encore en avant d'un pas alourdi. Mais voilà qu'à la plaine succèdent les montagnes, le sentier rétréci gravit des pentes abruptes à travers des rochers escarpés, bordés de précipices, entourés de fourrés épais au milieu desquels les bêtes fauves font entendre leurs rugissements, *Catuli leonum rugientes quærentes escam sibi ;* et le jour baisse et l'on sent les sombres approches des ombres de la nuit. Alors au milieu de ces solitudes et de ces ténèbres, saisi d'une sorte de terreur et d'un découragement profond, le voyageur ploie tout entier sous la fatigue et les tristesses qui l'accablent, il s'affaisse, et, comme le prophète dans sa traversée du désert, se laissant tomber sur le sol, il s'écrie avec lui : « Non, je n'irai pas plus loin ; il m'ennuie de vivre et mon âme mourra ici. »

Et si du moins l'épreuve se bornait à cette lassitude, cette monotonie, cet ennui qui, comme le dit Bossuet, fait le fond de la vie humaine, surtout quand elle se prolonge. Mais il n'y a pas pour la fidélité que la difficulté qui naît ainsi des choses, il y a aussi la difficulté qui vient des hommes. Celle-là encore le jeune homme a le bonheur de ne la connaître pas, ou de la connaître peu. Presque toujours il est accueilli à l'entrée de sa carrière par une affectueuse bienveillance. On l'encourage, on le favorise, volontiers même on l'applaudit. De tous côtés lui arrive ce regard sympathique qui est pour la jeunesse ce qu'est pour la fleur le rayon de soleil qui la vivifie et la colore. Attendez un peu ! Bientôt l'accoutumance amène cette sorte de refroidissement qu'elle traîne inévitablement à sa suite. Les éloges se taisent, les critiques commencent. Survienne alors quelqu'une de ces circonstances qui commandent impérieusement au prêtre, au curé de résister en face du mal, de défendre ouvertement le bien, les hostilités se déclarent. Ciel ! sous combien de formes elles se produisent et de quelle variété de ressources dispose la méchanceté humaine! De tous côtés pullulent, par une sorte de germination spontanée, les sourds murmures, les propos malveillants, les soupçons injurieux, les insinuations outrageuses, les accusations calomnieuses ; puis ce sont les piéges perfides, les attaques détournées, les traits lancés dans l'ombre, certains coups de poignard portés d'une main savante à l'endroit du cœur le plus sensible, et, si je puis ainsi dire, le plus saignant; enfin la guerre ouverte, l'opposition intraitable à tout ce que le prêtre peut dire ou faire; en sorte que quelquefois, au bout de longues années de ministère, d'un ministère où il aura dépensé toutes les forces de son corps et de son âme, si ce prêtre désolé jette un regard en arrière sur le champ de ses labeurs, il verra le sol jonché de ses espérances détruites, de ses projets avortés, de ses travaux anéantis. Épreuve cruelle! surtout épreuve périlleuse ! pour qui ne serait pas affermi dans une inviolable fidélité ; car c'est cette fidélité seule qui peut donner le courage de la supporter. Et par conséquent il est vrai de dire que, par elle-même et sans sortir de son genre propre, la fidélité est une vertu qui *ex genere suo*, comme parle la Théologie, s'étend et peut porter celui qui la pratique en certaines conditions, jusqu'aux plus hautes cimes où siégent la perfection et la sainteté.

L'abbé Cesbron a été un prêtre fidèle. Toutefois qu'on n'étende pas ici ma pensée au-delà des bornes que je lui assigne moi-même. Je ne prétends point qu'il ait poussé sa fidélité au degré que réclament les circonstances extrêmes dont je vous ai présenté en raccourci l'affligeant tableau. Non, jamais, nulle part, il ne fut soumis à ces grandes épreuves qui imposent les efforts suprêmes à ceux qui les subissent. La Providence les lui a épargnées : et ce n'est point défaillance, imperfection chez un homme, de n'avoir pas déployé un héroïsme de vertu dont l'occasion même lui a manqué. Mais j'affirme qu'il l'a vaillamment pratiquée dans toutes les circonstances où la Providence l'a placé et dans la mesure qui lui a été imposée, de telle sorte que, pour lui appliquer l'expression de l'Ecriture parlant de Judith, sur ce point, « pas un mot n'a été murmuré contre lui dans toute l'étendue du pays d'Israël.» — Et ce n'était pas seulement cette fidélité large, facile, qui consiste à ne point entamer la substance du devoir, à remplir avec une exactitude approximative le gros des obligations, de manière à ne se compromettre gravement ni avec l'opinion ni avec sa conscience, et à garder, en les ménageant habilement l'une et l'autre, sa réputation et sa liberté. — Une fidélité toute matérielle qui se couvre de la lettre et ne s'inspire pas de l'esprit, qui donne sa forme extérieure au corps de l'acte et ne lui insuffle pas l'âme, principe essentiel et unique des œuvres vivantes : fidélité sans mérite, parce qu'elle est sans motif moral, fidélité qui se conserve tout machinalement par la propulsion d'une habitude acquise de même. — Non : c'était une fidélité entière, intègre, visiblement préoccupée de remplir la pleine mesure du devoir, moins travaillée de la répugnance d'en trop faire, que de la crainte de n'en pas faire assez. — Une fidélité soutenue, maintenue par l'effort persistant d'une volonté énergique au même niveau et dans le même train régulier d'une vie irréprochable; étrangère à ces alternatives bizarres d'ardeurs soudaines et de brusques relâchements, poussant toujours devant elle, gagnant peu à peu du terrain, sans lâcher pied ni reculer jamais; rappelant par son allure égale non pas le coursier fougueux qui bondit, s'élance, puis s'arrête court, épuisé par l'impétuosité mal contenue d'une course effrénée, mais bien plutôt cet animal patient qui, la tête courbée sous le joug, s'en va droit devant lui d'un pas tranquille et mesuré traçant son fertile sillon, ne perdant rien de son temps ni de sa force, domptant sans effort apparent toutes les résistances du sol dans sa marche puissante, fournissant enfin ces fructueuses journées qui font la richesse des campagnes et la joie du laboureur. — C'était une fidélité antipathique aux subtilités, aux subterfuges, à l'aide desquels une conscience défaillante cherche à excuser ses transgressions; ennemie dans l'interprétation de la loi, de cette largeur d'esprit préconisée par quelques-uns comme un signe de supériorité intellectuelle, et qui n'est au fond qu'une lâcheté réelle de la volonté. — Une fidélité informée de l'esprit de foi qui pénétrait ses intentions et ses actes, surnaturalisait ses vues et ses œuvres, et en assurait le mérite lors même qu'elle n'en procurait pas le succès. — Enfin, la fidélité soumise et soigneuse d'un serviteur qui travaille sous l'œil du Maître et a toujours dans l'oreille la parole qui lui sera adressée un jour : Rends-moi compte de ton administration, *redde rationem villicationis tuæ.*

Voilà les caractères de la fidélité telle que la comprenait l'abbé Cesbron et telle qu'il l'a constamment pratiquée pendant tout le cours de sa vie : s'interdisant, par exemple, tout voyage de plaisir, toute course d'agrément, pour acquérir le droit de faire, sans qu'on pût s'en plaindre, les sorties nécessaires; poussant, afin de ne faillir à aucune partie de sa double tâche, poussant, dis-je, le travail de son ministère pastoral jusqu'à l'épuisement de ses forces, mais après avoir pris ses précautions contre les torpeurs ou les souffrances de la nature, en s'assurant le concours toujours complaisant d'un de ses vicaires pour l'achèvement de l'office divin, aux dernières heures de ses laborieuses soirées ; demandant souvent à la nuit le temps que lui refusait le jour pour rédiger sa correspondance, pour écrire ces lettres que vous receviez, mes chères Sœurs, avec une joie si filiale et qui en nourrissant votre piété dévoraient sa vie. Oui, c'est avec ce signe distinctif d'une inviolable fidélité qu'il s'est montré partout où il a été vu; c'est sous ces traits qu'il a été connu et qu'il a conquis l'estime universelle, et aucun démenti ne viendra infirmer ma parole quand je dirai : oui, oui le prêtre qui repose ici, le prêtre que je loue à la face des saints autels, a été vraiment un prêtre fidèle, *Fidelis servus*. Et c'est le témoignage que sa conscience lui permettait de se rendre à lui-même. Ah ! disait-il à quelqu'un, peu de temps après son arrivée à Saumur : « Au milieu des légitimes inquiétudes que doit m'inspirer la manière dont j'ai rempli mon ministère dans les circonstances quelquefois difficiles où je me suis trouvé, j'ai une grande consolation : c'est que partout où j'ai été, je me suis appliqué à faire mon devoir, et là où j'ai pu craindre de ne pas gagner la sympathie, j'ai cherché à imprimer au moins le respect; et de partout aussi, j'ose le dire, j'ai pu sortir la tête haute, emportant avec moi l'intégrité de mon honneur sacerdotal. » Deux faits, deux faits bien simples qui se sont passés dans les derniers jours de sa vie, me semblent la représenter au naturel dans le train ordinaire de cette habituelle fidélité. C'était le matin de Pâques, et déjà son existence n'était plus qu'une agonie commencée. Au son des cloches qui annoncent et saluent la grande Journée, le chrétien se ranime chez le prêtre mourant. Il se rappelle qu'un grand devoir lui est imposé, à lui, pasteur, comme à la moindre de ses brebis, et il se lève et il se traîne, et, agenouillé dans une prostration de forces presque complète au pied du saint autel, il reçoit de la main d'un de ses collaborateurs une dernière communion qui déjà n'était plus, hélas! que le viatique d'un pauvre voyageur qui va bientôt partir. Puis il se retire. Au moment où il traverse la sacristie pour regagner ses appartements, un homme l'aborde. « M. le curé, lui dit-il, je désirerais me confesser; » mais ayant levé les yeux sur lui, à la vue de ce visage pâle, défait, portant déjà l'empreinte de la mort: « Excusez-moi, reprit-il vivement, je reviendrai dans un autre moment. » « Restez, répond l'abbé Cesbron d'une voix ferme, je vais vous confesser, je ferai bien cela encore. » Oui, vénérable Frère et pieux ami, faites encore cela, courage, courage, *euge, euge ;* ramassez les restes de votre vieille énergie ; soyez jusqu'au bout semblable à vous-même ; aussi bien, c'est le dernier effort qui vous sera demandé; voilà que votre journée s'achève, et déjà, son salaire à la main, le maître vous attend ; courage donc, fidèle serviteur, *euge, serve fidelis,* et le texte que je commence sur le bord de votre tombe, une autre voix va tout-à-l'heure le finir sur le rivage de l'éternité, en vous disant : *euge, serve bone et fidelis, intra in gaudium Domini tui.*

II.

Lorsque sur ce fond simple, solide de la fidélité, s'applique et s'ajuste quelque qualité particulière assez remarquable, celle-ci produit l'effet d'une riche broderie sur un tissu d'une nuance douce et unie. Elle se détache, comme on dit, en vigueur, et prend tout de suite un relief extraordinaire. L'abbé Cesbron en possédait une de ce genre qui attirait l'attention de tous ceux qui l'approchaient. On ne pouvait le regarder un instant sans lire aussitôt la prudence dans l'expression contenue de son visage calme et réfléchi. C'était le côté saillant de son caractère.

La prudence, mes chères Sœurs, est, s'il m'est permis d'employer cette expression, une qualité complexe. Elle se compose de plusieurs éléments, implique d'autres vertus d'un grand prix. Elle suppose d'abord la modestie, et l'on peut même dire que la modestie est le principe premier qui l'engendre. L'homme modeste, se défiant de ses propres forces, est porté d'instinct à s'entourer de précautions; il ne se jette pas témérairement en avant, mais sonde préalablement le terrain, inspecte au loin la route avant de s'y engager; pénétré du sentiment de son insuffisance, il éprouve le besoin de chercher hors de lui des aides, des appuis, enfin, des moyens de succès qu'il ne croit pas trouver en lui-même. Elle suppose secondement la sagesse, qui lui fait discerner et apprécier parmi les mille moyens offerts à son choix ceux qui sont les mieux appropriés au but qu'elle veut atteindre. Troisièmement enfin, la fermeté de résolution et de conduite; car c'est précisément parce qu'il veut son but d'une volonté énergique, que l'homme prudent prend son temps, réfléchit, tourne autour de la position, et ne l'aborde qu'avec l'ensemble complet de ses ressources réunies: toutes choses qui relèvent singulièrement le mérite de la prudence et à cause desquelles la théologie la range parmi les vertus cardinales, ainsi nommées parce que sur elles repose et roule toute la vie chrétienne.

C'est entourée de toutes ces qualités subsidiaires que la prudence apparaissait dans la personne, le langage et la conduite de l'abbé Cesbron ; et c'est ainsi qu'elle se révéla chez lui dès que les circonstances lui permirent de se montrer dans sa vraie nature, c'est-à-dire dès le début de sa carrière, à son entrée dans la vie publique. Ses études cléricales terminées, au lendemain de son ordination sacerdotale, il avait été nommé vicaire à Pouancé. Aussitôt, envisageant d'un regard froid et sûr la position nouvelle encore bien inconnue qui lui était faite, il la jugea et s'apprêta à la remplir comme il la comprenait. Et certes il prouva qu'il l'avait bien comprise. Jeune hôte admis au foyer d'un presbytère, il pensa qu'il devait s'y asseoir pour en animer et au besoin en réjouir la solitude et non pas pour en jamais attrister ou troubler la paix. L'esprit libre de toute prévention et de toute idée préconçue, il acceptait d'avance, et telles qu'elles étaient, les personnes et les choses, disposé à les respecter également. Sans prétentions ni exigences, il aurait eu honte de paraître seulement souhaiter pour lui, soit dans la disposition et l'aménagement des lieux, soit dans le train de la maison et l'ordinaire de la vie, des changements, des améliorations dont le maître n'avait pas jusque-là éprouvé le besoin ou satisfait le désir. Ce qui avait été bon pour le curé lui semblait naturellement devoir être excellent pour le vicaire. Et l'on ne s'apercevait pas que cette subordination de ses goûts et de ses habitudes à ceux d'autrui lui coûtât le moindre effort, tant il était imprégné de l'esprit de modération, de simplicité qu'on lui avait inculqué au séminaire et dont il avait trouvé l'inclination première au fond de son propre cœur. Evidemment, il n'était pas de ceux qui se persuadent que, pour être à la hauteur du siècle, le prêtre a besoin de hausser le ton de sa maison et le chiffre de ses dépenses pour le vêtement, la table ou l'ameublement, et il ne se doutait pas que la recherche de ce qu'on appelle aujourd'hui le confortable fût pour un jeune clerc le cachet de la distinction.

La même sagesse, la même justesse d'appréciation se fit remarquer dans la manière dont il envisagea la nature de ses rapports avec le curé sous les ordres duquel il était appelé à faire l'apprentissage du saint ministère. A ses yeux, son curé était à la fois pour lui un père et un guide : un père par l'âge, un guide par l'autorité, ayant le droit d'être honoré de lui à cause de ce double caractère. Or, il avait cru observer, et peut-être son don d'observation n'était pas ici complétement en défaut, que la jeunesse de nos jours a une tendance marquée à bannir de ses habitudes morales la pratique du respect envers ceux qui l'ont précédée dans la vie, sans doute en conséquence de la loi du progrès qui veut que ce qui vient après soit naturellement plus parfait que ce qui a paru auparavant, d'où il résulte nécessairement que le jeune homme doit incliner à se croire supérieur au vieillard par la seule vertu de son acte de naissance, et par conséquent estimer médiocrement un homme que la date même de sa venue en ce monde condamne vis-à-vis de lui à une infériorité fatale : idée absurde et radicalement destructive de tout respect, car il est impossible de respecter sérieusement ce qu'on estime peu, ce qu'on estime moins que soi-même. L'abbé Cesbron n'admettait point de pareilles théories. Imbu des vieux principes qui en éducation et en morale sont les vrais principes, il croyait au contraire que les années, en s'accumulant sur une tête, y accumulent aussi les titres à la vénération, que ses cheveux blancs font au vieillard une couronne d'honneur, une majesté devant laquelle un jeune front peut bien sans rougir s'incliner respectueusement ; que la loi du respect, inscrite par Dieu même au quatrième de ses dix commandements, n'en peut être effacée par personne, et qu'elle est imprescriptible autant qu'inviolable. Il se promit bien de n'y manquer jamais. Et, comme moyen d'assurer l'accomplissement d'une résolution si sage, s'interdire sévèrement tout regard curieux indiscrètement jeté sur la personne de son curé, tout examen irrévérencieux de ses manières d'être, tout contrôle de ses actions, toute critique de son caractère, toute allusion à ses défauts réels ou supposés : voilà la règle absolue qu'il s'imposa à lui-même et qu'il observa toujours. Il avait lu l'histoire de Cham et il en avait appris qu'il n'est pas bon à un fils de lever les yeux sur les faiblesses de son père, s'il en a, pour en acquérir par une curiosité répréhensible une connaissance d'ailleurs bien inutile, puisqu'il n'a point à s'en faire le juge ni le dénonciateur, alors même que par hasard il en serait le témoin.

Profondément respectueux à l'égard du père, l'abbé Cesbron devait être naturellement disposé à se montrer soumis envers le guide ; car un devoir accompli facilite singulièrement l'accomplissement d'un autre. Aussi l'exactitude de son obéissance égala-t-elle la sincérité de son respect. Il avait l'esprit trop juste, trop sensé pour ne pas voir que sa position de vicaire était vis-à-vis du curé essentiellement subordonnée. Partant de là, toute la série de ses devoirs se déroulait à ses yeux avec un enchaînement logique et rigoureux. — Ce n'est pas lui qui, sous prétexte du bien, par un mouvement de zèle intempestif et intempérant, se serait jeté dans les initiatives téméraires, prenant ainsi, dans l'ignorance inséparable d'un début, des responsabilités sous le poids desquelles une expérience consommée fléchit quelquefois elle-même. — Travailler en sous-ordre, telle était, d'après lui, sa fonction nettement délimitée. Il était ouvrier dans la construction de l'édifice paroissial, il n'était pas l'architecte. Il devait coopérer à l'œuvre, puisqu'il portait le beau nom de coopérateur ; à lui de préparer, d'apporter, de poser sa pierre, taillée d'après la coupe prescrite et le dessin donné ; mais tracer le plan et diriger les travaux, ce soin regardait un autre derrière lequel il entendait s'effacer complétement. Pour rien au monde il n'eût voulu ruser avec le devoir, en cherchant à se créer secrètement par des moyens détournés une influence occulte et subreptice, à exploiter une confiance et des sympathies acquises pour exercer une action personnelle, en dehors de la direction hiérarchique ou en opposition avec elle. La seule idée de ces choses lui eût fait horreur, car il n'ignorait pas qu'il faut avoir obéi, comme Jacob, à une inspiration positivement divine, pour porter sans faute et sans honte le nom de Supplantateur.

Aussi ils furent prospères les jours de son vicariat à Pouancé; et ceux qui les ont vus s'écouler sous leurs yeux nous ont dit qu'ils devaient compter parmi les plus beaux de sa vie. La confiance et l'affection de son curé, le bien opéré parmi les fidèles, l'estime et la sympathie de tous ses confrères du voisinage, tels en furent pour lui les doux fruits. Il y laissa en partant de si bons et de si durables souvenirs que nous avons vu un ancien curé du canton faire vingt-cinq lieues à la première nouvelle de sa maladie pour porter au curé de Saint-Pierre mourant l'expression des sentiments que lui avait inspirés le vicaire de Pouancé. Et l'on pourrait dire, si ce mot était de mise parmi nous, que là fut l'origine de sa fortune ecclésiastique. Il devint évident pour tous qu'un homme qui montrait tant de prudence dans tant de jeunesse était fait pour occuper des postes de choix, les postes importants ou difficiles. Ce fut un de ces derniers qui lui échut d'abord en partage.

Ici, mes frères, la discrétion m'oblige à une plus grande réserve de langage. Pourquoi et comment la paroisse de Brissac pouvait-elle offrir des difficultés d'administration à cette époque ? Il ne me convient pas de le dire ; mais il m'est permis de constater un fait notoire. Les amis de l'abbé Cesbron, en apprenant sa nomination à cette cure, purent concevoir quelques inquiétudes, et craindre de voir ses destinées naissantes sombrer dans un naufrage dès la sortie du port. Mais la manière toute magistrale dont il aborda la position dut calmer promptement leurs alarmes. En bien peu de temps elle était conquise, et il la dominait entièrement. Et c'étaient toujours les mêmes qualités qui lui valaient les mêmes succès : la sagesse, la prudence, la gravité de la conduite, la dignité de la vie ; et à l'aide de ces moyens il réalisa des résultats que l'on n'avait pas osé espérer, au moins si prompts et si complets. Assurer au caractère du prêtre un respect profond, une haute considération, une autorité incontestée, une vraie et saine popularité, voilà l'œuvre, et, vu les circonstances, je pourrais dire voilà le chef-d'œuvre que, dans un temps relativement court, l'abbé Cesbron sut accomplir. Que ces beaux résultats lui fussent bien acquis, il en eut la preuve touchante, lorsque, deux ans après l'avoir quittée, il revint dans sa paroisse pour les obsèques du jeune marquis de Brissac. L'annonce de son arrivée mit en mouvement la ville tout entière. Hommes, femmes, enfants sortaient sur le seuil de leurs demeures pour revoir leur ancien curé; et c'étaient ces saluts empressés, ces mots de bienvenue, ces serrements de main, ces regards et ces sourires sympathiques qui expriment si bien le respect sincère et la cordiale affection. Les habitants de Brissac me pardonneront de rappeler ce souvenir intime de leur vie paroissiale; il fait également honneur à leur intelligence et à leur cœur.

Ce fut alors que les supérieurs ecclésiastiques, lui voyant cette maturité de sagesse, cette plénitude de prudence, songèrent à lui confier un emploi qui demande un don de gouvernement tout spécial et de l'ordre le plus élevé. Ils le nommèrent supérieur de votre Congrégation, mes chères Sœurs, et ce qui rendait la tâche beaucoup plus délicate, successeur immédiat de votre vénérable Fondateur.

Ici, mes chères Sœurs, vous êtes mes témoins et mes garants, et je puis appuyer chacune de mes affirmations sur votre irrécusable témoignage. Or, n'est-il pas vrai que vous avez reconnu chez M. l'abbé Cesbron, aussitôt que vous avez été en rapport avec lui, précisément les mêmes qualités, les mêmes vertus que j'ai louées en lui? N'est-il pas vrai que, dès vos premières relations avec le curé de Brissac, vous avez remarqué dans sa personne cette fidélité au devoir, cette modestie de sentiments, cette réserve de langage et de conduite, enfin cette prudence que j'ai signalée comme le trait distinctif de son caractère et de son mérite? Cette qualité qui ne s'est jamais démentie dans tout le cours de son administration s'est montrée surtout avec éclat dans l'attitude qu'il prit tout de suite vis-à-vis de votre vénéré fondateur.

Il est pour un successeur une tentation bien délicate, à laquelle il succombera aisément s'il ne se tient pas sur ses gardes: la tentation de faire sienne l'œuvre d'autrui, en lui imprimant la marque de son esprit propre, le cachet de sa personnalité. La nature, hélas! trouve son compte à ces substitutions qui caressent une de ses plus grandes et de ses plus inguérissables faiblesses. J'ignore si l'abbé Cesbron éprouva la tentation; mais je sais qu'il n'y succomba pas. Loin de chercher à faire oublier son prédécesseur, il cherchait bien plutôt à le faire revivre en toutes choses, autant qu'il lui était possible: vous rappelant souvent son nom et sa mémoire, mettant pieusement ses pieds dans la trace de ses pas, respectant scrupuleusement ses vues, réalisant religieusement ses intentions, surtout observant et faisant observer, sans y retrancher ni changer une lettre, les saintes règles qu'il vous avait données; au point que, n'eût été la différence des visages, vous eussiez cru que c'était le même homme, tant c'était le même esprit. Et il marchait ainsi dans la simplicité et la prudence, et son gouvernement était heureux. Au dehors, les témoignages de satisfaction les plus explicites de la part des curés dans les paroisses desquelles vous aviez quelque maison de votre ordre. Tous louaient unanimement la délicatesse de ses procédés, sa déférence pour leurs opinions, leurs désirs et leurs personnes, la justesse de ses vues, la sagesse de ses décisions, la prudence de ses démarches, la dextérité avec laquelle il maniait les esprits et les affaires; et, témoignage plus flatteur à lui seul que tous les autres ensemble, un illustre évêque de notre voisinage immédiat lui prodiguait, avec l'effusion naturelle aux grands cœurs, les marques les moins équivoques de son estime, pour la manière dont il dirigeait les nombreuses maisons que votre congrégation possède en son vaste diocèse. Au dedans, une confiance sans bornes, répondant à un dévouement sans réserve ; une mansuétude de direction dont le souvenir émeut encore vos cœurs. Vous rappelez-vous comme il était bon dans ses entretiens publics et ses avis particuliers, toujours prêt, toujours patient à vous entendre, ne se lassant jamais de répéter cent fois les mêmes réponses aux mêmes questions cent fois répétées. Vous rappelez-vous de quel accent ferme et doux il vous disait souvent ce mot : «Courage !» le grand mot de la direction spirituelle ; car si l'homme est souvent méchant, plus souvent encore il est faible; ce mot qui, sur ses lèvres et prononcé par lui, vous relevait aussitôt de toutes vos tristesses, de tous vos abattements, de toutes vos désolations intérieures, et imprimait à votre ferveur de nouveaux élans. Conduite par un si habile et si sage pilote, votre Communauté marchait comme un beau navire qui vogue par un temps calme et doux sur des eaux tranquilles. Tout prospérait ; les parterres de l'Epoux divin fleurissaient, ses vergers fructifiaient, ses greniers pliaient sous le poids des gerbes pleines. Ah ! je voudrais, mes chères Sœurs, m'arrêter avec vous sur ces douces images. Mais, le temps me presse et je vois venir les jours de l'épreuve et de la douleur.

L'abbé Cesbron était d'un tempérament vigoureux. Mais le double fardeau qui pesait déjà depuis longtemps sur ses épaules finit par les faire fléchir. Une maladie, lente souvent dans sa marche insidieuse, mais mortelle de sa nature, se déclara, minant sa constitution puissante. Et, coïncidence fatale ! ce fut précisément à cette époque qu'il fut promu à la cure de Saint-Pierre de

Saumur. Ah! sans doute, si l'abbé Cesbron avait été nommé quelques années plus tôt, alors qu'il disposait de la plénitude de ses moyens et de l'intégrité de ses forces, nous eussions vu renaître, avec moins de mouvement et d'éclat peut-être, mais avec autant de fruit, les beaux jours du pastorat de son grand prédécesseur, M. Fourmy. Car nous savons et nous pouvons dire avec quelle vigueur il tint tête, tout affaibli qu'il était, aux premiers orages qui se formèrent autour de lui dans des circonstances qu'on me permettra de ne pas désigner plus clairement; avec quelle habileté il se dégagea des premiers embarras que lui suscita une opposition cauteleuse, tracassière et malintentionnée. Mais il faut bien l'avouer, quand il partit pour Saumur, à la fin de 1870, c'était un blessé qui marchait au combat. Et il ne tarda pas à le constater lui-même, quand il eut inspecté les difficultés du champ de bataille sur lequel il avait à opérer, et estimé le nombre et la vivacité des combats qu'il aurait à y livrer. Ah! nous a-t-il répété plus d'une fois dans des épanchements intimes, quelques mois après son installation : « c'est trop tard, c'est trop tard; je ne puis plus ce que je pouvais autrefois; » et il prononçait ces paroles avec l'accent du vieil athlète qui regarde ses membres affaiblis par les ans et les blessures, aussi surpris qu'affligé de ne leur plus trouver leur ancienne vigueur.

Ce fut alors que commença de germer dans son esprit la pensée de se décharger d'une partie du fardeau qui l'accablait. Mais il connaissait cette maxime des sages : que les déterminations les plus nécessaires ont leur jour, leur moment qu'il faut attendre et ne pas devancer. Il voulait que sa succession, de quelque côté qu'elle s'ouvrît, ne fût pas embarrassée mais liquide. Et il méditait et il préparait les choses avec la lenteur mais aussi avec la persévérance inhérente à son caractère formé au même degré de fermeté et de prudence. D'ailleurs, n'avions-nous pas vu M. Fourmy, l'homme aux promptes résolutions, aux décisions rapides, mettre deux années entières, dans des circonstances plus graves et plus pressantes encore, à dénouer peu à peu ses liens. De quel côté eût penché le choix de M. Cesbron? je veux l'ignorer; mais je puis assurer que, de quelque côté qu'elle se fût faite, la séparation eût été pour lui un déchirement. Car, si je n'ai pas besoin de vous dire avec quelle force d'affection il aimait votre Congrégation, je dois ajouter qu'avec un goût prononcé pour le ministère pastoral, il était profondément attaché à sa paroisse de Saint-Pierre à Saumur. Enfin, le choix était fait, et l'exécution du projet fixée après Pâques. Après Pâques!... Ah! vénérable Frère et pieux ami, pourquoi ne revèlerai-je pas le secret de vos espérances? Sans illusion désormais sur la nature et la gravité du mal dont vous étiez atteint, vous teniez pour sûr qu'après Pâques Dieu vous épargnerait lui-même le chagrin du choix. Vous aviez entendu au fond de votre âme une réponse de mort, et vous étiez persuadé que, Pâques venu, il ne serait plus question pour vous d'abandonner ou Saumur ou la Salle-de-Vihiers, mais qu'il s'agirait de quitter la terre.

Et en effet, le lundi de Pâques, son agonie commençait; et lorsqu'à la nouvelle du danger imminent, au nom de toutes vos Sœurs éplorées, vous accourûtes, Madame la Supérieure, auprès de son lit de mort, les seules paroles qu'il vous adressa, les dernières qu'il prononça, furent celles-ci : « Vous venez pour m'enterrer; » et, comme vous vous récriiez à l'audition de ces mots sinistres, « Oui, répondit-il avec ce ton fermement accentué que vous connaissiez si bien, c'est vous qui m'enterrerez. »

C'était désigner le lieu de sa sépulture. Ah! vénérable frère, je reconnais bien là un trait de cette prudence qui, vous ayant accompagné dans tout le cours de votre vie, ne vous abandonna pas même au milieu des ombres du trépas. Il vous eût été doux, assurément, de reposer à côté de votre saint prédécesseur. Mais vous aviez remarqué bien des fois en gémissant combien vite sont délaissés, dans leur tombe solitaire, les morts qui dorment là-bas dans les cimetières de nos cités, à la distance où on les a relégués, et vous étiez bien sûr qu'ici pas un jour ne s'écoulerait sans que quelqu'une de vos filles ne vînt s'agenouiller pieusement sur la pierre de votre sépulcre; que pendant de longues générations les religieuses de Sainte-Marie du Sacré-Cœur, sachant qu'un de leurs pères repose dans cette splendide chapelle bâtie par ses soins, viendraient chacune à son tour lui payer en supplications et en suffrages, la dette de leur reconnaissance, et vous espériez que vos ossements arrosés par ce courant intarissable de prières germeraient plus heureusement et plus glorieusement pour la résurrection future. Aussi lorsque sonnera la trompette dernière, lorsque les anges de Dieu rangeront les hommes par nations, peuples et tribus, lorsque, groupées ensemble, mes chères Sœurs, vous déroulerez le long défilé de vos troupes virginales, il prendra place à la tête de vos religieuses phalanges, à côté de son pieux prédécesseur, et, son tour venu de paraître devant le tribunal suprême, son ange gardien, en le présentant au souverain Juge, empruntera, j'en ai la confiance, les paroles de mon texte, en lui disant : « Voilà, Seigneur, le serviteur fidèle et prudent que vous aviez établi sur votre famille. » *Ecce fidelis servus et prudens quem constituit Dominus super familiam suam.* Et le Seigneur prendra la formule de sa sentence dans le passage qui, au Commun d'un Confesseur non pontife, venant immédiatement après celui-ci, semble lui donner la réplique et en achever le sens : Bon et fidèle serviteur, entre maintenant dans la joie de ton Seigneur. *Serve bone et fidelis intra in gaudium Domini tui.*

Ainsi soit-il.

Saumur, imp. Paul Godet, place du Marché-Noir. — 68115

www.ingramcontent.com/pod-product-compliance
Ingram Content Group UK Ltd.
Pitfield, Milton Keynes, MK11 3LW, UK
UKHW021938200726
13855UKWH00007B/1609